Impressum
Verlag: BABADADA GmbH, Nedderfeld 112 , 22529 Hamburg
Geschäftsführer / Verlagsleitung: Harald Hof
Druck: Books on Demand GmbH, In de Tarpen 42, 22848 Norderstedt

Imprint
Publisher: BABADADA GmbH, Nedderfeld 112 , 22529 Hamburg, Germany
Managing Director / Publishing direction: Harald Hof
Print: Books on Demand GmbH, In de Tarpen 42, 22848 Norderstedt, Germany

escola

școală

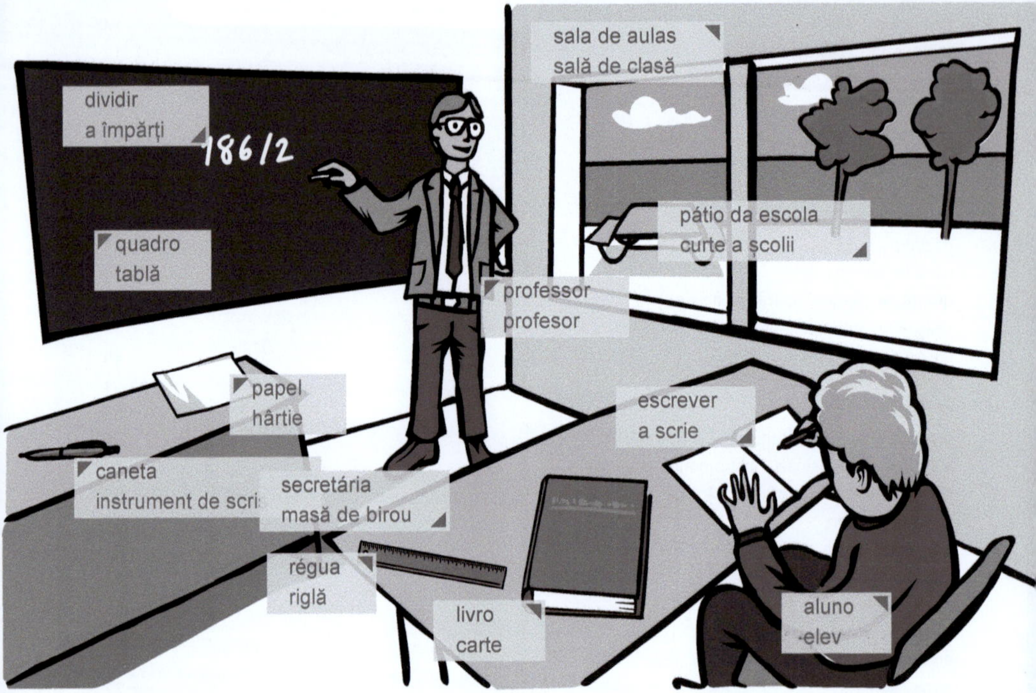
sala de aulas
sală de clasă
dividir
a împărți
186/2
quadro
tablă
pátio da escola
curte a școlii
professor
profesor
papel
hârtie
escrever
a scrie
caneta
instrument de scri
secretária
masă de birou
régua
riglă
livro
carte
aluno
elev

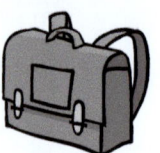

mochila
ghiozdan

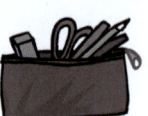

estojo de lápis
penar

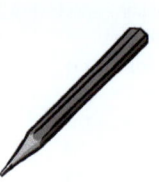

lápis
creion

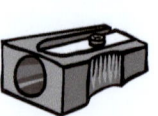

afia-lápis
ascuțitoare

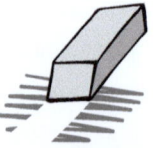

borracha
radieră

bloco de desenho
bloc de desen

desenho
desen

pincel
pensulă

caixa de tintas
cutie de acuarele

tesoura
foarfece

cola
lipici

livro de exercícios
caiet de exerciții

trabalhos de casa
temă

número
număr

somar
a aduna

subtrair
a scădea

multiplicar
a multiplica

calcular
a calcula

letra
literă

alfabeto
alfabet

palavra
cuvânt

texto
text

ler
a citi

giz
cretă

hora
oră

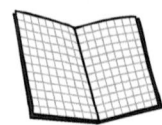

registo de presenças
catalog

exame
examen

certificado
certificat

uniforme escolar
uniformă școlară

educação
educație

enciclopédia
enciclopedie

universidade
universitate

microscópio
microscop

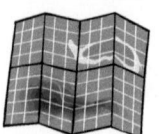

mapa
hartă

cesto de lixo
coș de gunoi

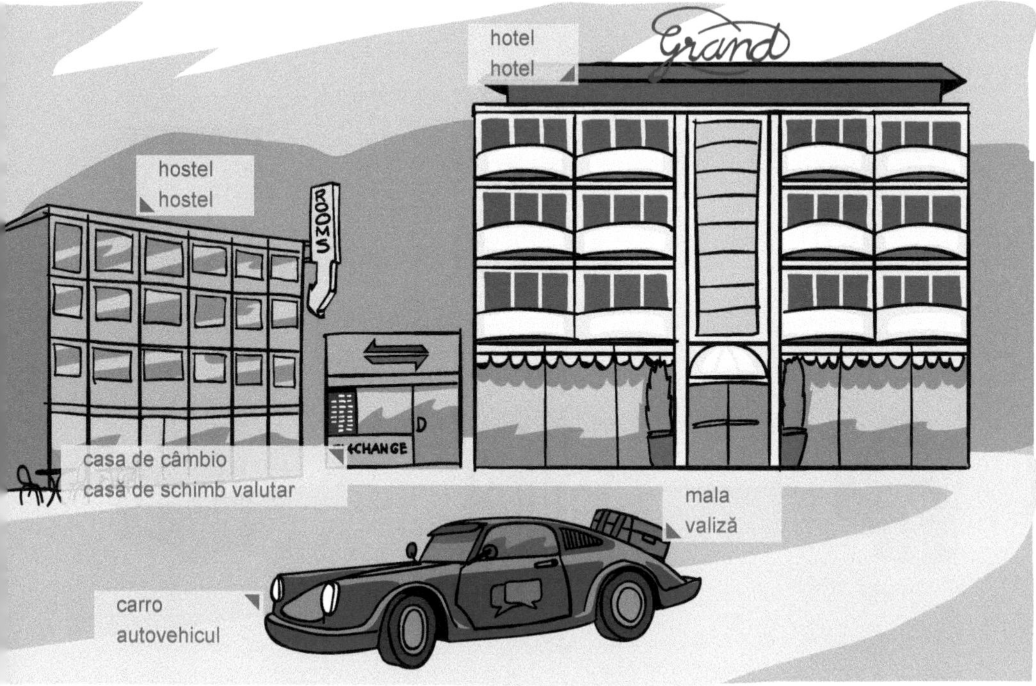

hotel
hotel
Grand
hostel
hostel
ROOMS
EXCHANGE
casa de câmbio
casă de schimb valutar
mala
valiză
carro
autovehicul

idioma

limbă

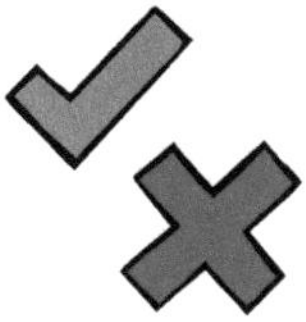

sim / não

da/nu

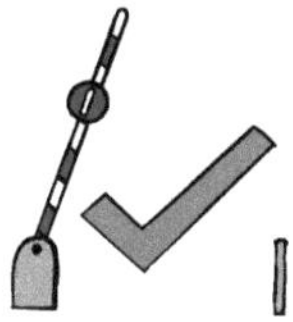

ok / certo / correto

okay

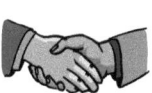

olá

Bună!

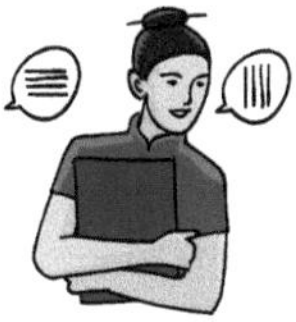

intérprete

interpret

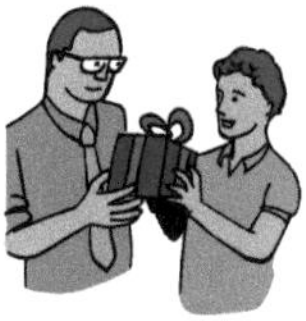

obrigado

mulțumesc

quanto é que custa... ?

Cât costă...?

não entendo

Nu înțeleg

problema

problemă

boa noite!

Bună seara!

Bom dia!

Bună dimineața!

Boa noite!

Noapte bună!

adeus

la revedere

direção

direcție

bagagem

bagaj

saco

geantă

mochila

rucsac

convidado

oaspete

quarto

cameră

saco-cama

sac de dormit

tenda

cort

informação turística

punct de informare turistică

praia

plajă

cartão de crédito

carte de credit

pequeno-almoço

mic dejun

almoço

masa de prânz

jantar

cină

bilhete

bilet de călătorie

elevador

lift

selo postal

timbru poștal

fronteira

graniță

alfândega

vamă

embaixada

ambasadă

visto

viză

passaporte

pașaport

transporte
transport

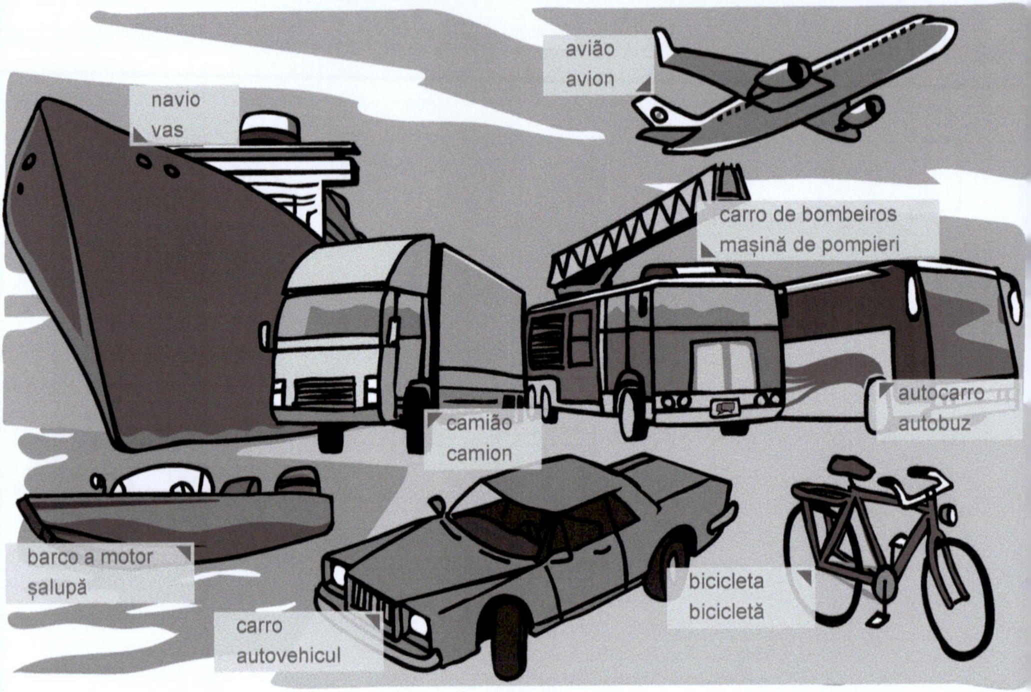

navio
vas
avião
avion
carro de bombeiros
mașină de pompieri
autocarro
autobuz
camião
camion
barco a motor
șalupă
carro
autovehicul
bicicleta
bicicletă

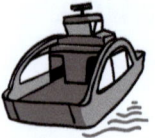

cacilheiro

feribot

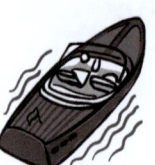

barco

barcă

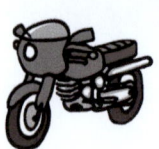

mota

motocicletă

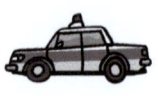

carro de polícia

mașină de poliție

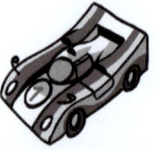

carro de corrida

mașină de curse

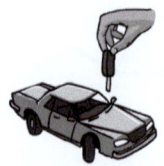

carro alugado

mașină închiriată

carsharing

car sharing

camião de reboque

mașină de tractat

camião do lixo

mașină de gunoi

motor

motor

combustível

combustibil

estação de serviço

benzinărie

sinal de trânsito

semn de circulație

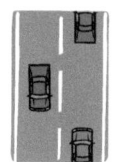

trânsito

trafic

congestionamento de
trânsito
ambuteiaj

parque de estacionamento

parcare

estação ferroviária

gară

carris

șine

comboio

tren

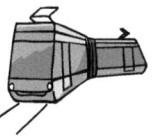

elétrico

tramvai

carruagem

vagon

helicóptero
elicopter

aeroporto
aeroport

torre
turn

passageiro
pasager

contentor
container

caixa de papelão
carton

carrinho
căruță

cesto
coș

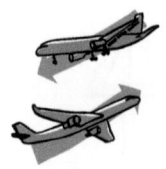

levantar voo / aterrar
a decola/a ateriza

cidade

oraș

aldeia
sat

centro da cidade
centru

casa
casă

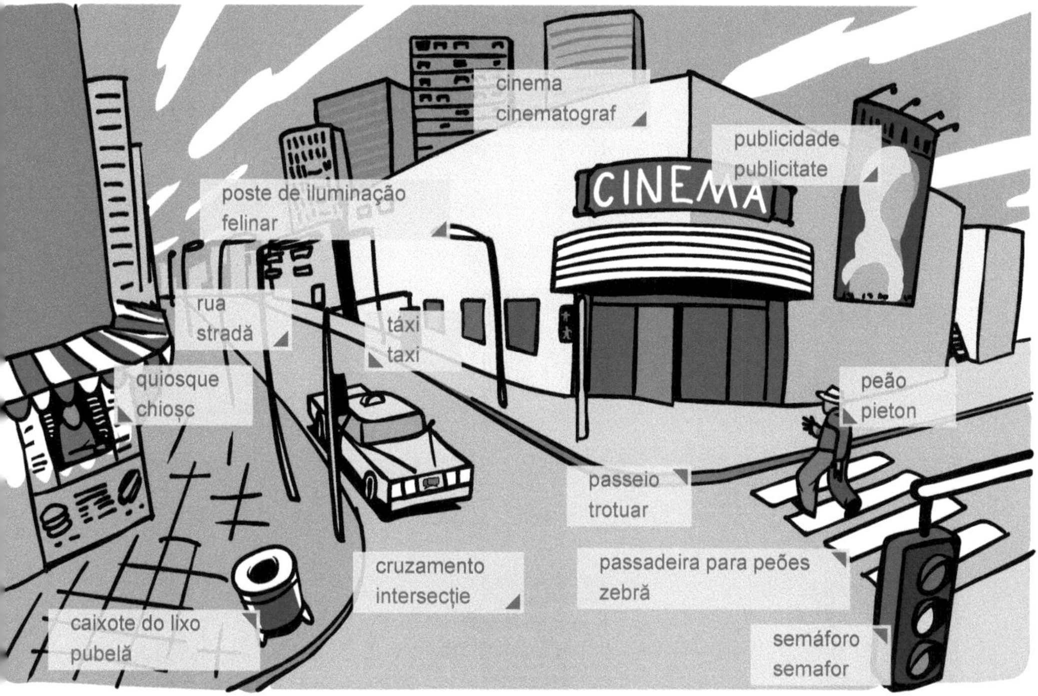
cinema
cinematograf
publicidade
publicitate
CINEMA
poste de iluminação
felinar
rua
stradă
táxi
taxi
quiosque
chioșc
peão
pieton
passeio
trotuar
cruzamento
intersecție
passadeira para peões
zebră
caixote do lixo
pubelă
semáforo
semafor

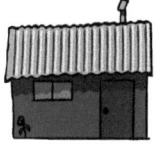

cabana

cabană

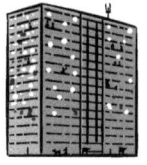

apartamento

apartament

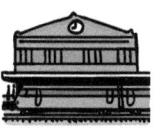

estação ferroviária

gară

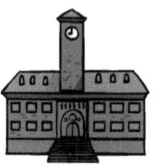

câmara municipal

primărie

MUSEUM

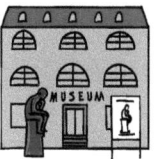

museu

muzeu

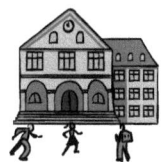

escola

școală

universidade

universitate

banco

bancă

hospital

spital

hotel

hotel

farmácia

farmacie

escritório

birou

livraria

librărie

loja

magazin

florista

florărie

supermercado

supermarket

mercado

piață

loja de departamentos

magazin universal

peixaria

comerciant de pește

centro comercial

centru comercial

porto

port

parque

parc

banco

bancă

ponte

pod

escadas

trepte

metro

metrou

túnel

tunel

paragem de autocarro

stație de autobuz

bar

bar

restaurante

restaurant

caixa de correio

cutie poștală

sinal de trânsito

tăbliță indicatoare cu
numele străzii

parquímetro

parcometru

jardim zoológico

grădină zoologică

piscina

piscină

mesquita

moschee

quinta

gospodărie țărănească

poluição

poluare

cemitério

cimitir

igreja

biserică

parque infantil

loc de joacă

templo

templu

paisagem

peisaj

folha
frunză

placa de sinalização
indicator

caminho
drum

prado
pajiște

pedra
piatră

árvore
copac

caminhantes
drumeț

rio
râu

relva
iarbă

flor
floare

vale
vale

montanha
deal

lago
lac

floresta
pădure

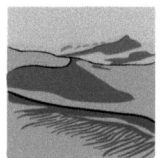

deserto
deșert

vulcão
vulcan

castelo
castel

arco-íris
curcubeu

cogumelo
ciupercă

palma
palmier

mosquito
țânțar

mosca
muscă

formiga
furnică

abelha
albină

aranha
păianjen

besouro

gândac

sapo

broască

esquilo

veveriță

ouriço

arici

lebre

iepure

coruja

bufniță

pássaro

pasăre

cisne

lebădă

javali

porc mistreț

veado

cerb

alce

elan

barragem

dig

turbina eólica

turbină eoliană

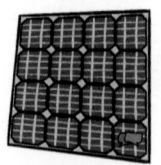

painel solar

panou solar

clima

climă

paisagem - peisaj

restaurante
restaurant

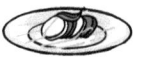

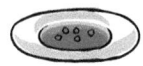

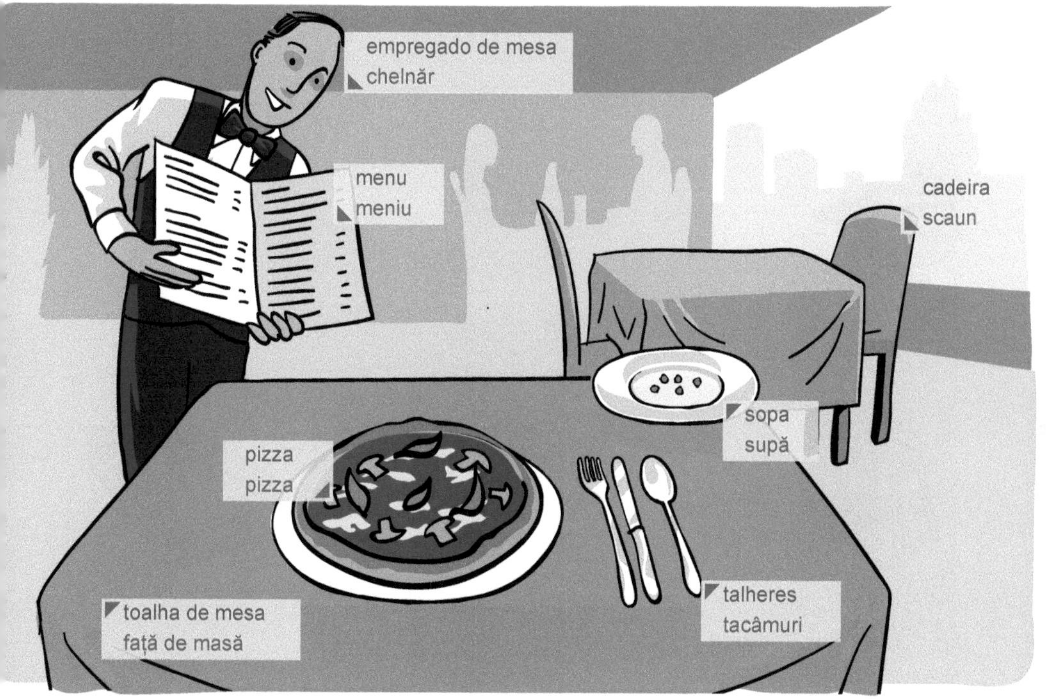
empregado de mesa
chelnăr
menu
meniu
cadeira
scaun
sopa
supă
pizza
pizza
talheres
tacâmuri
toalha de mesa
față de masă

entrada

antreu

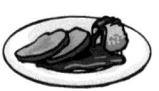

prato principal

fel principal

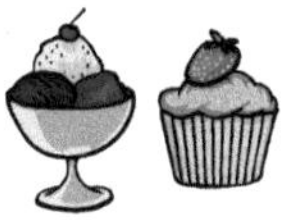

sobremesa

desert

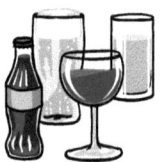

bebidas

băuturi

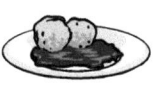

comida

mâncare

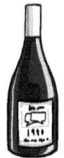

garrafa

sticlă

fast food
fastfood

comida de rua
streetfood

bule de chá
ceainic

açucareiro
zaharniță

porção
porție

máquina de café expresso
espressor

cadeira alta
scaun înalt (pentru copii)

conta
factură

bandeja
tavă

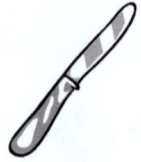

faca
cuțit

garfo
furculiță

colher
lingură

colher de chá
linguriță

guardanapo
șervețel

copo
pahar

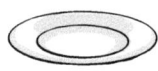

prato
....
farfurie

prato de sopa
....
farfurie de supă

pires
....
farfurie

molho
....
sos

saleiro
....
solniță

moinho de pimenta
....
râșniță de piper

vinagre
....
oțet

óleo
....
ulei

especiarias
....
condimente

ketchup
....
ketchup

mostarda
....
muștar

maionese
....
maioneză

supermercado
supermarket

oferta especial
ofertă
FOR
cliente
client
laticínios
produse lactate
fruta
fructe
carrinho de compras
cărucior de cumpărături

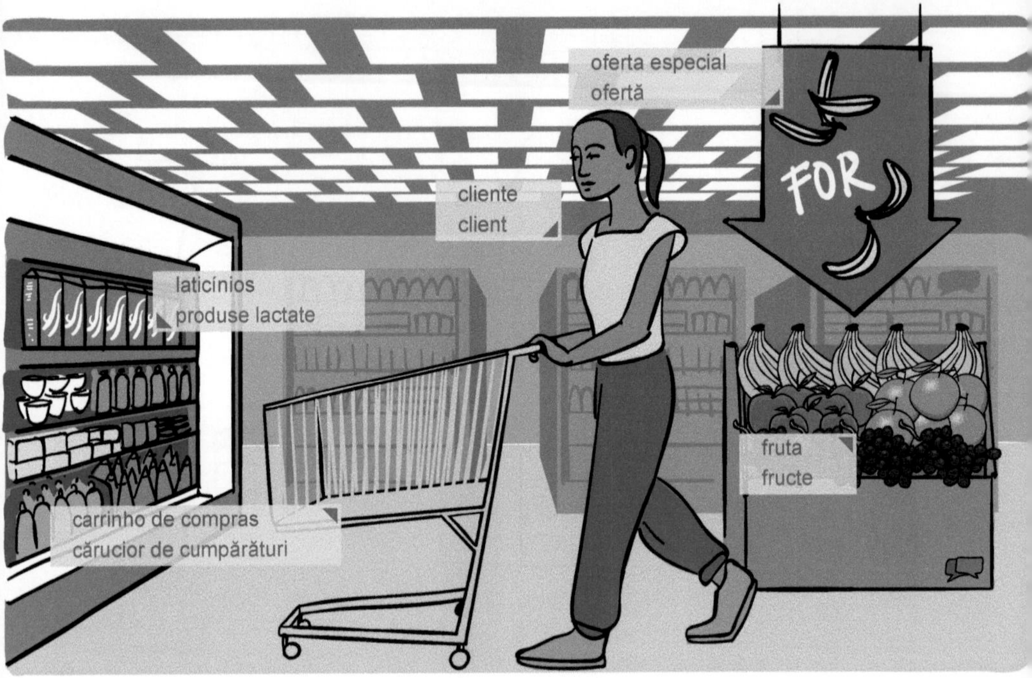

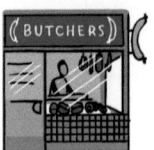

BUTCHERS

talho

măcelărie

BAKERY

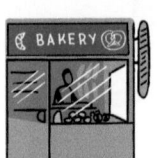

padaria

brutărie

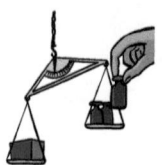

pesar

a cântări

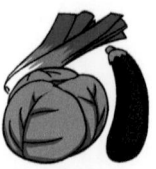

vegetais

legume

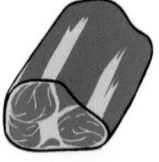

carne

carne

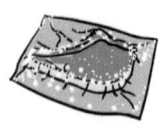

alimentos congelados

alimente refrigerate

charcutaria

mezeluri și brânzeturi feliate

comida enlatada

conserve

detergente em pó

detergent

doces

dulciuri

artigos domésticos

articole de menaj

produtos de limpeza

produse de curățenie

vendedora

vânzătoare

caixa

casă

caixa

casier

lista de compras

listă de cumpărături

horário de funcionamento

orar

carteira

portmoneu

cartão de crédito

carte de credit

saco

geantă

saco de plástico

pungă de plastic

água
....
apă

sumo
....
suc

leite
....
lapte

coca-cola
....
cola

vinho
....
vin

cerveja
....
bere

álcool
....
alcool

cacau
....
cacao

chá
....
ceai

café
....
cafea

café expresso
....
espresso

capuccino
....
cappucino

banana

banane

maçã

măr

laranja

portocală

melão

pepene

limão

lămâie

cenoura

morcov

alho

usturoi

bambu

bambus

cebola

ceapă

cogumelo

ciupercă

nozes

nuci

talharim

paste făinoase

esparguete

spagheti

arroz

orez

salada

salată

batatas fritas

cartofi prăjiți

batatas fritas

cartofi țărănești

pizza

pizza

hambúrguer

hamburger

sanduíche

sandwich

bife panado

șnițel

fiambre

șuncă

salame

salam

salsicha

cârnați

galinha

pui

assado

friptură

peixe

pește

flocos de aveia

fulgi de ovăz

muesli

musli

flocos de milho

cereale

farinha

făină

croissant

corn

carcaça (pãozinho)

chifle

pão

pâine

torrada

pâine prăjită

biscoitos

biscuiți

manteiga

unt

requeijão

brânză de vaci

bolo

prăjitură

ovo

ou

ovo estrelado

ouă ochiuri

queijo

brânză

gelado

îngheţată

açúcar

zahăr

mel

miere

compota

marmeladă

creme de nougat

cremă nuga

caril

curry

comida - mâncare

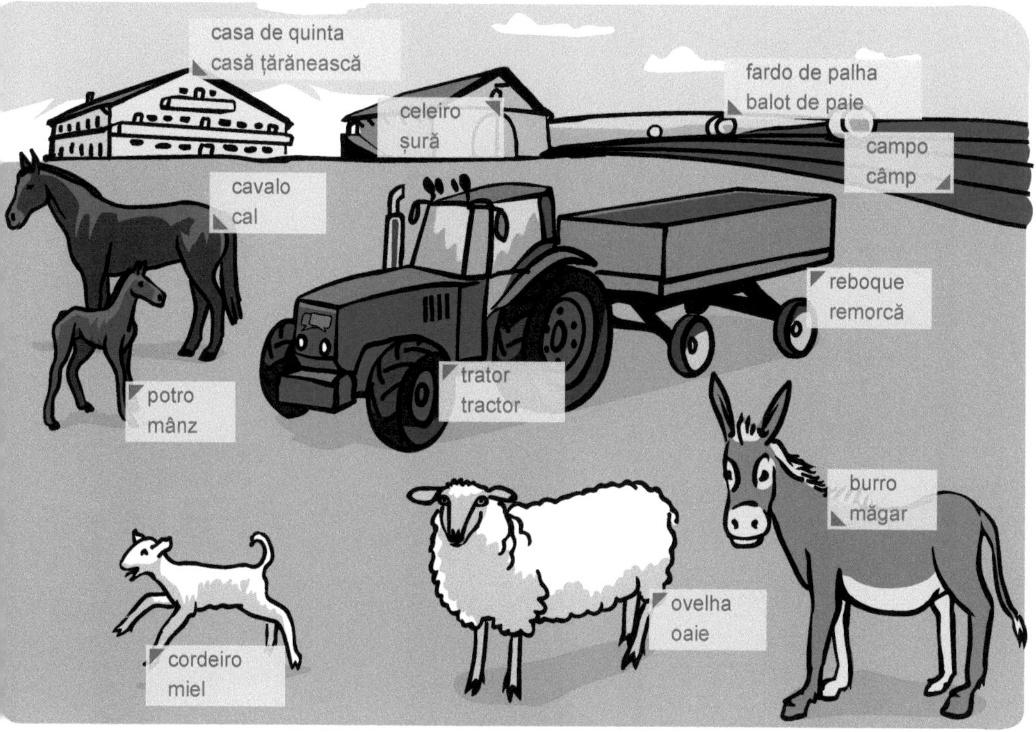

casa de quinta
casă țărănească

fardo de palha
balot de paie

celeiro
șură

campo
câmp

cavalo
cal

reboque
remorcă

trator
tractor

potro
mânz

burro
măgar

cordeiro
miel

ovelha
oaie

cabra

capră

vaca

vacă

bezerro

vițel

porco

porc

leitão

purcel

touro

taur

ganso
....
găină

pato
....
rață

pintaínho
....
pui

galinha
....
găină

galo
....
cocoș

ratazana
....
șobolan

gato
....
pisică

rato
....
șoarece

boi
....
bou

cão
....
câine

casota
....
cușcă

mangueira de jardim
....
furtun de grădină

regador
....
stropitoare

foice
....
coasă

arado
....
plug

foice

seceră

enxada

sapă

forquilha

furcă

machado

secure

carrinho de mão

roabă

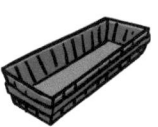

manjedoura

troacă

jarro de leite

cană pentru lapte

saco

sac

cerca

gard

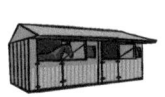

estábulo

grajd

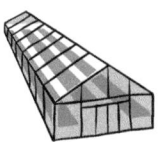

estufa

seră

solo

sol

semente

sămânță

fertilizante

fertilizator

ceifeira-debulhadora

combină de treierat

colher

a culege

colheita

recoltă

inhame

cartof yam

trigo

grâu

soja

soia

batata

cartof

milho

porumb

colza

rapiță

árvore de fruto

pom fructifer

mandioca

manioc

cereais

cereale

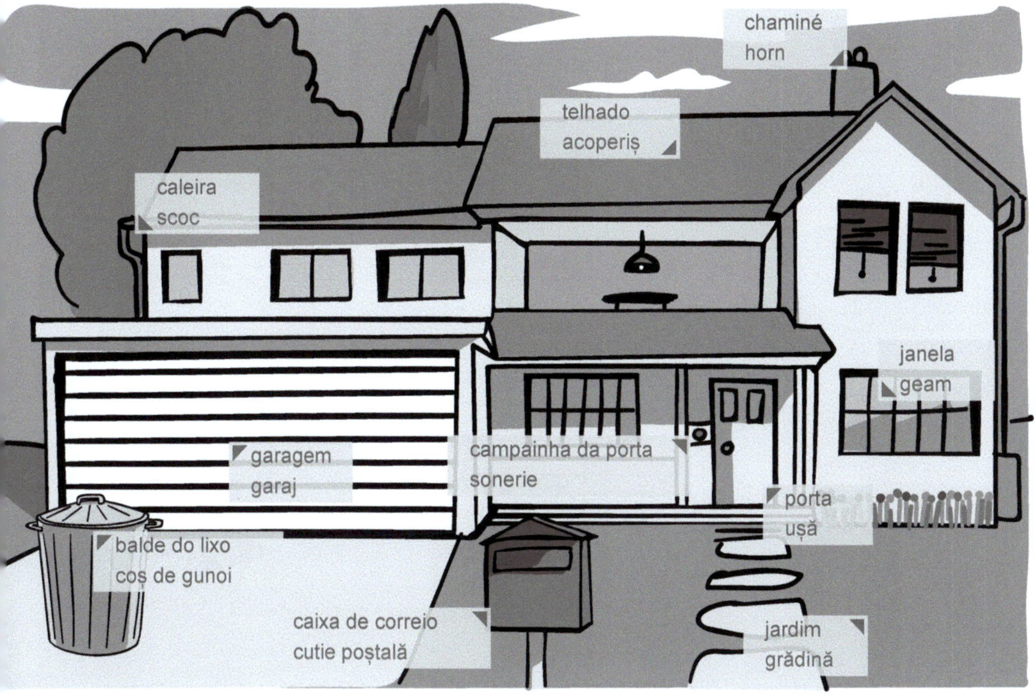

chaminé
horn

telhado
acoperiș

caleira
scoc

janela
geam

garagem
garaj

campainha da porta
sonerie

porta
ușă

balde do lixo
coș de gunoi

caixa de correio
cutie poștală

jardim
grădină

sala de estar
....
cameră de zi

casa de banho
....
baie

cozinha
....
bucătărie

quarto de dormir
....
dormitor

quarto de criança
....
camera copiilor

sala de jantar
....
sufragerie

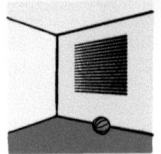

chão
....
podea

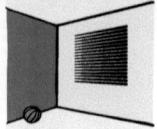

parede
....
perete

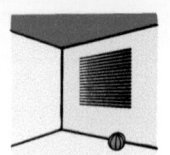

teto
....
tavan

cave
....
pivniță

sauna
....
saună

varanda
....
balcon

terraço
....
terasă

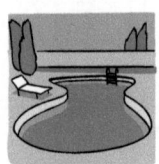

piscina
....
piscină

máquina de cortar relvado
....
mașină de tuns iarba

lençol
....
cearșaf

cobertor
....
cuvertură

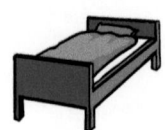

cama
....
pat

vassoura
....
mătură

balde
....
găleată

interruptor
....
întrerupător

sala de estar
cameră de zi

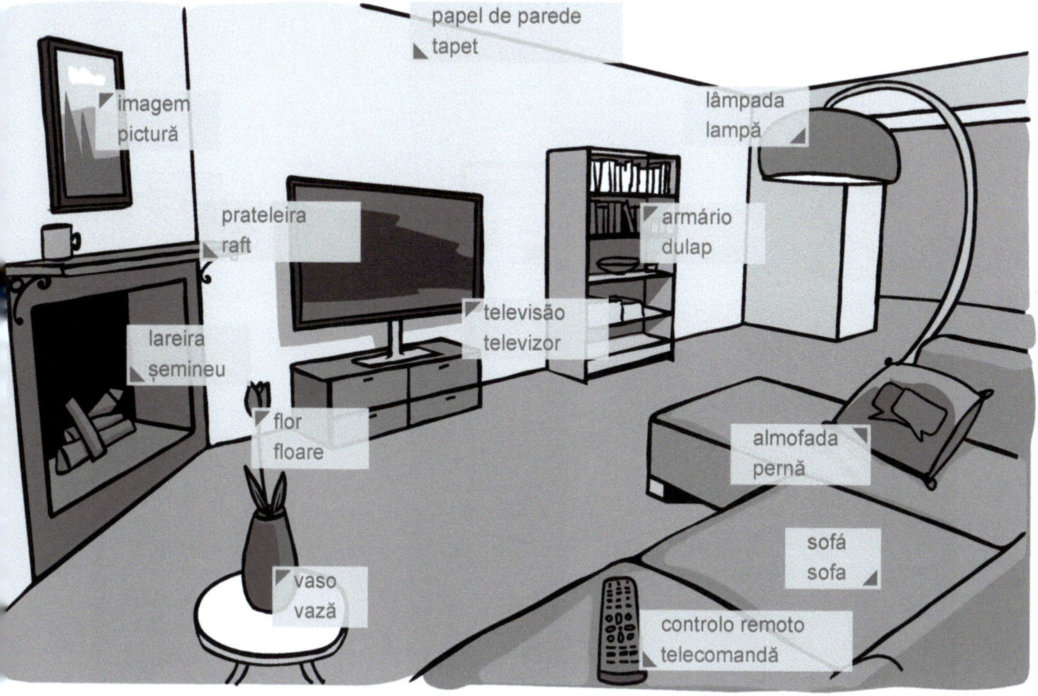
papel de parede
tapet
imagem
pictură
lâmpada
lampă
prateleira
raft
armário
dulap
televisão
televizor
lareira
șemineu
flor
floare
almofada
pernă
sofá
sofa
vaso
vază
controlo remoto
telecomandă

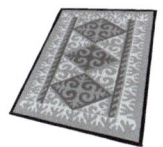

tapete
covor

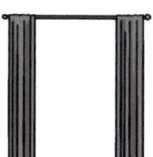

cortina
perdea

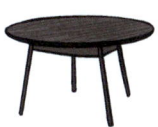

mesa
masă

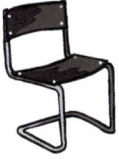

cadeira
scaun

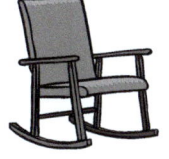

cadeira de baloiço
balansoar

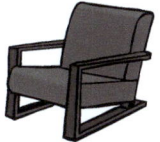

poltrona
fotoliu

livro
carte

cobertor
pătură

decoração
decoraţiune

lenha
lemn de foc

filme
film

sistema estéreo
instalaţie stereo

chave
cheie

jornal
ziar

pintura
desen

póster
poster

rádio
radio

bloco de notas
caiet de notiţe

aspirador
aspirator

cato
cactus

vela
lumânare

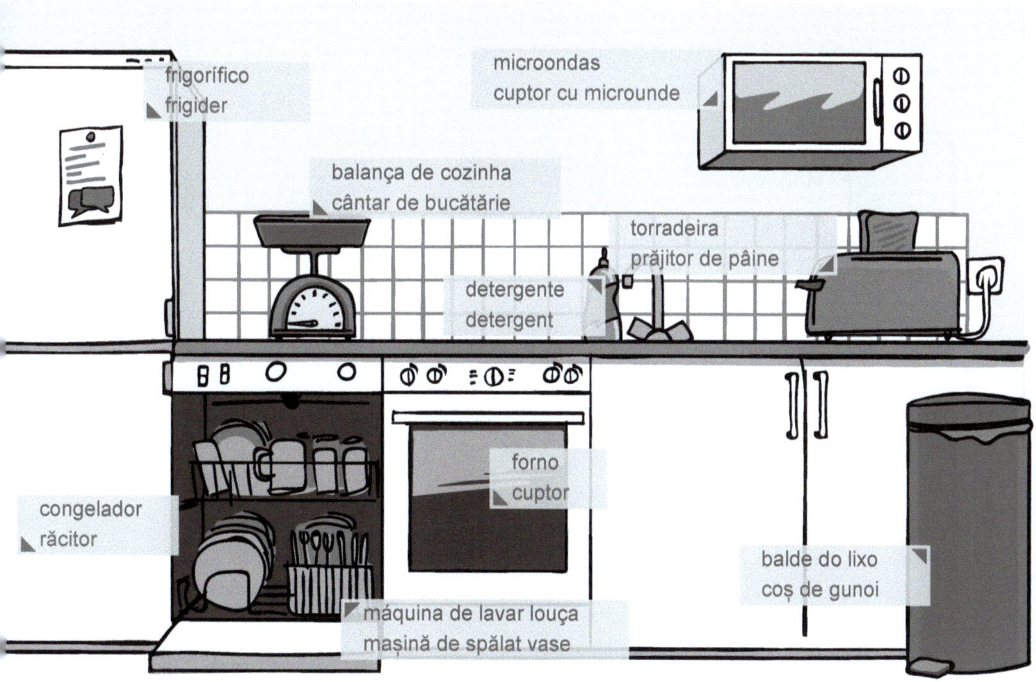

frigorífico
frigider

microondas
cuptor cu microunde

balança de cozinha
cântar de bucătărie

torradeira
prăjitor de pâine

detergente
detergent

congelador
răcitor

forno
cuptor

balde do lixo
coș de gunoi

máquina de lavar louça
mașină de spălat vase

fogão
cuptor

panela
oală

panela de ferro
oală de metal

wok / kadai
wok/kadai

frigideira
tigaie

chaleira
ceainic

panela a vapor

oală de gătit cu aburi

tabuleiro de forno

tavă de copt

louça

veselă

caneca

pahar

tigela

bol

pauzinhos

bețișoare

concha de sopa

polonic

espátula

spatulă

batedor de claras

tel

escorredor

sită

peneira

sită

ralador

răzătoare

almofariz

mojar

churrasqueira

grătar

lareira

loc pentru grătar

tábua de cortar

tocător

rolo da massa

sucitor

saca-rolhas

tirbușon

lata

conservă

abridor de latas

deschizător de conserve

luvas de forno

șervete termice

lava-loiça

chiuvetă

escova

perie

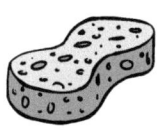

esponja

burete

liquidificador

mixer

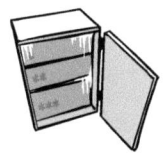

arca frigorífica

ladă frigorifică

biberão

biberon

torneira

robinet

casa de banho
baie

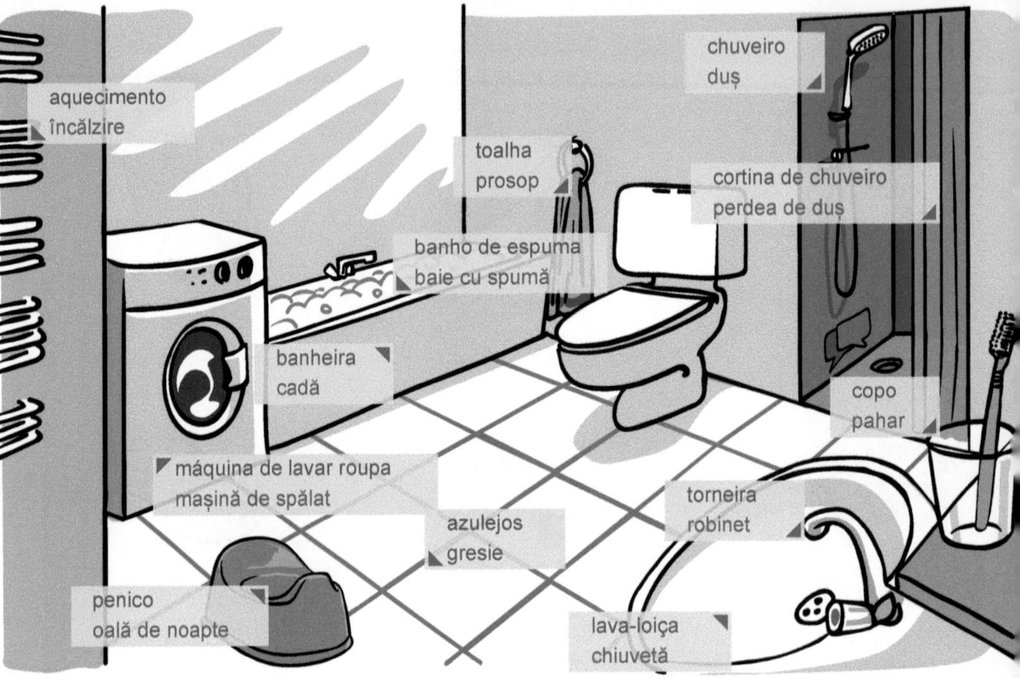
aquecimento
încălzire
toalha
prosop
chuveiro
duș
cortina de chuveiro
perdea de duș
banho de espuma
baie cu spumă
banheira
cadă
copo
pahar
máquina de lavar roupa
mașină de spălat
torneira
robinet
azulejos
gresie
penico
oală de noapte
lava-loiça
chiuvetă

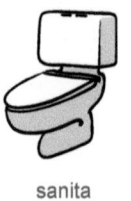

sanita
toaletă

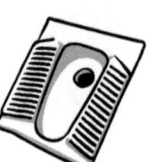

retrete turca
toaletă turcescă

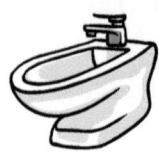

bidé
bideu

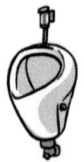

urinol
pisoir

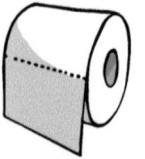

papel higiénico
hârtie igienică

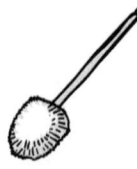

piaçaba
perie de toaletă

escova de dentes

periuță de dinți

pasta de dentes

pastă de dinți

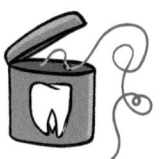

fio dentário

ață dentară

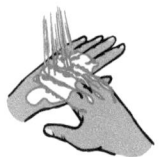

lavar

a spăla

chuveiro de mão

cap de duș

duche íntimo

duș intim

bacia

lavoar

escova para as costas

perie pentru spate

sabonete

săpun

gel de banho

gel de duș

champô

șampon

toalha de rosto

cârpă de spălat

escoamento

scurgere

creme

cremă

desodorizante

deodorant

espelho

oglindă

espelho de mão

oglindă cosmetică

máquina de barbear

aparat de ras

creme de barbear

spumă de ras

loção pós-barba

aftershave

pente

pieptene

escova

perie

secador de cabelo

uscător de păr

spray de cabelo

fixator

maquilhagem

machiaj

batom

ruj

verniz de unhas

lac de unghii

algodão

vată

tesoura para unhas

foarfece de unghii

perfume

parfum

nécessaire

neseser

tamborete

taburet

balança

cântar

roupão de banho

halat de baie

luvas de borracha

mănuși de cauciuc

tampão

tampon

penso higiénico

tampon

WC químico

toaletă chimică

quarto de criança

camera copiilor

despertador
ceas deșteptător
peluche
jucărie de pluș
carro de brincar
mașină de jucărie
chocalho
morișcă
casa de bonecas
casă de păpuși
presente
cadou

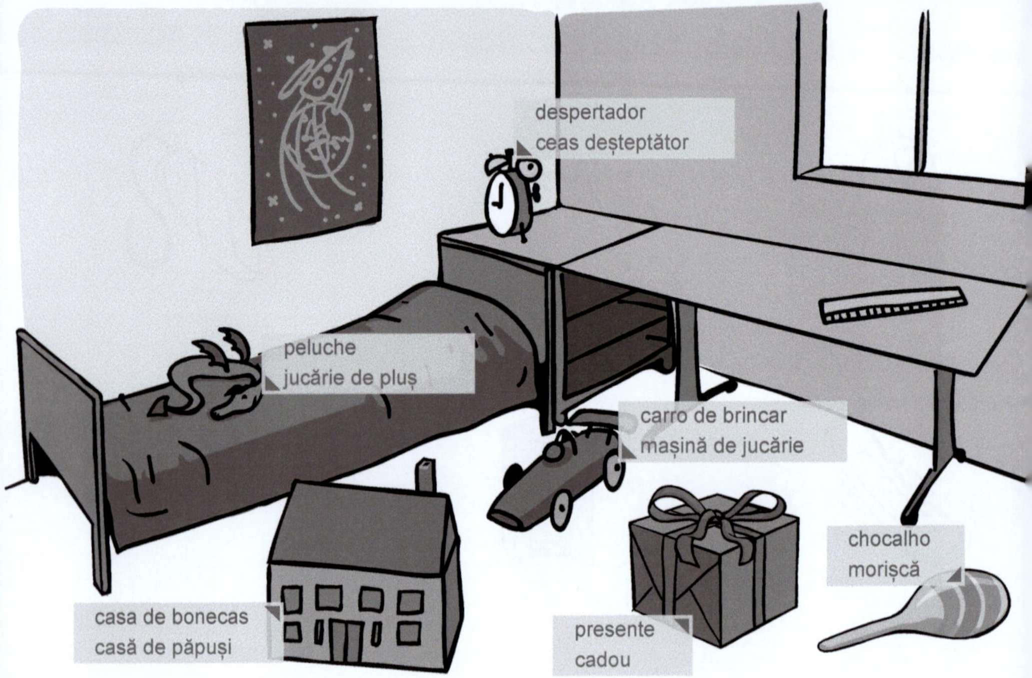

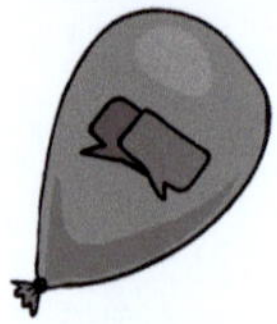

balão

balon

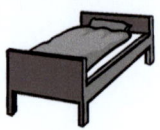

cama

pat

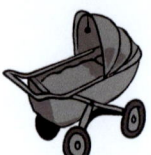

carrinho de bebé

cărucior de copii

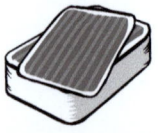

jogo de cartas

joc de cărți

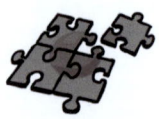

quebra-cabeças

puzzle

SUPER MEGA

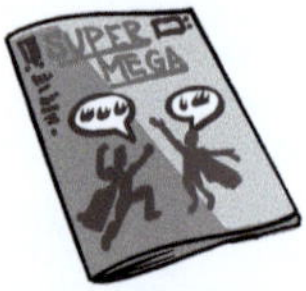

banda desenhada

revistă de benzi desenate

peças de Lego

cuburi lego

blocos de construção

piese pentru construcţii

figura de ação

personaj din filmele de acţiune

fato de bebé

body

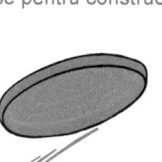

Frisbee

frisbee

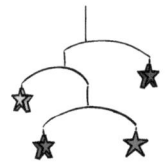

móbile para bebé

mobil

jogo de tabuleiro

joc de societate

dados

zar

pista de comboio elétrico

set trenuleţ de jucărie

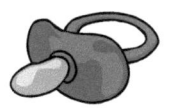

chupeta

suzetă

festa

petrecere

livro ilustrado

carte cu poze

bola

minge

boneca

păpuşă

jogar

a se juca

caixa de areia

groapă de nisip

baloiço

leagăn

brinquedos

jucării

consola de jogos

consolă video

triciclo

tricicletă

ursinho de peluche

ursuleț

guarda-roupa

dulap

vestuário

îmbrăcăminte

meias

șosete

meias pelo joelho

ciorapi

meias-calças

dres

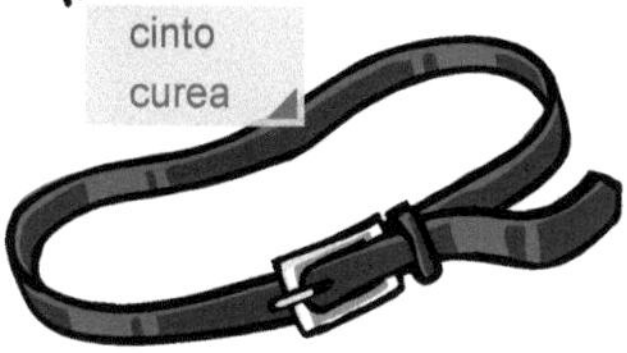

cachecol
şal

guarda-chuva
umbrelă

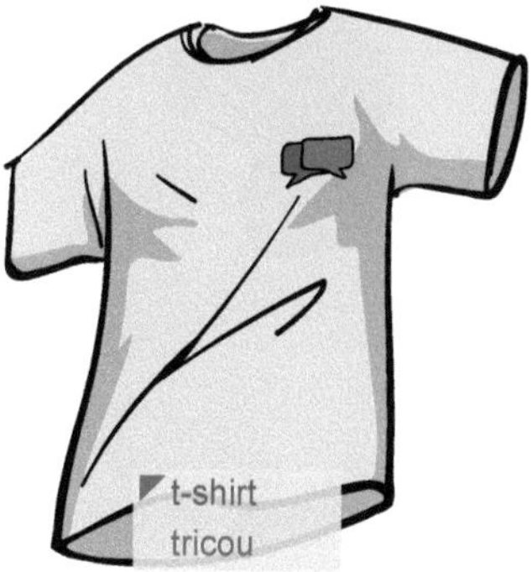

cinto
curea

t-shirt
tricou

botas
cizme

chinelos
papuci

sapatilhas
pantofi sport

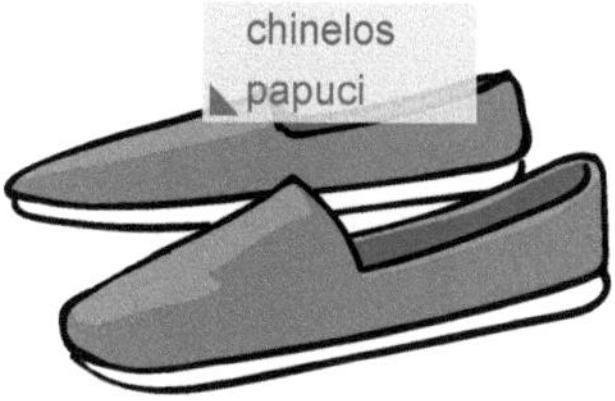

sandálias
sandale

sapatos
încălţăminte

botas de borracha
cizme de cauciuc

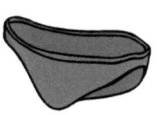

cuecas
chilot

sutiã
sutien

camisola interior
maiou

body
body

calças
pantaloni

calças de ganga
blugi

saia
fustă

blusa
bluză

camisa
cămașă

pulôver
pulover

camisola com capuz
jerseu

blazer
sacou

casaco
jachetă

manto
palton

gabardina
pelerină de ploaie

traje
costum

vestido
rochie

vestido de casamento
rochie de mireasă

fato
costum

camisa de dormir
cămașă de noapte

pijama
pijama

sari
sari

lenço de cabeça
batic

turbante
turban

burca
burka

cafetă
caftan

abaya
abaya

fato de banho
costum de baie

calções de banho
șort

calções
pantaloni scurți

fato de treino
trening

avental
șorț

luvas
mănuși

botão

nasture

óculos

ochelari

pulseira

brăţară

colar

lanţ

anel

inel

brinco

cercel

boné

căciulă

cabide

umeraş

chapéu

pălărie

gravata

cravată

fecho de correr

fermoar

capacete

cască

suspensórios

bretele

uniforme escolar

uniformă şcolară

uniforme

uniformă

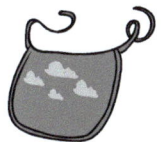

babete

baveţică

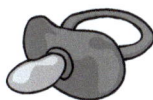

chupeta

suzetă

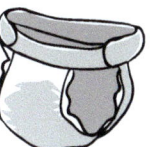

fralda

scutec

escritório
birou

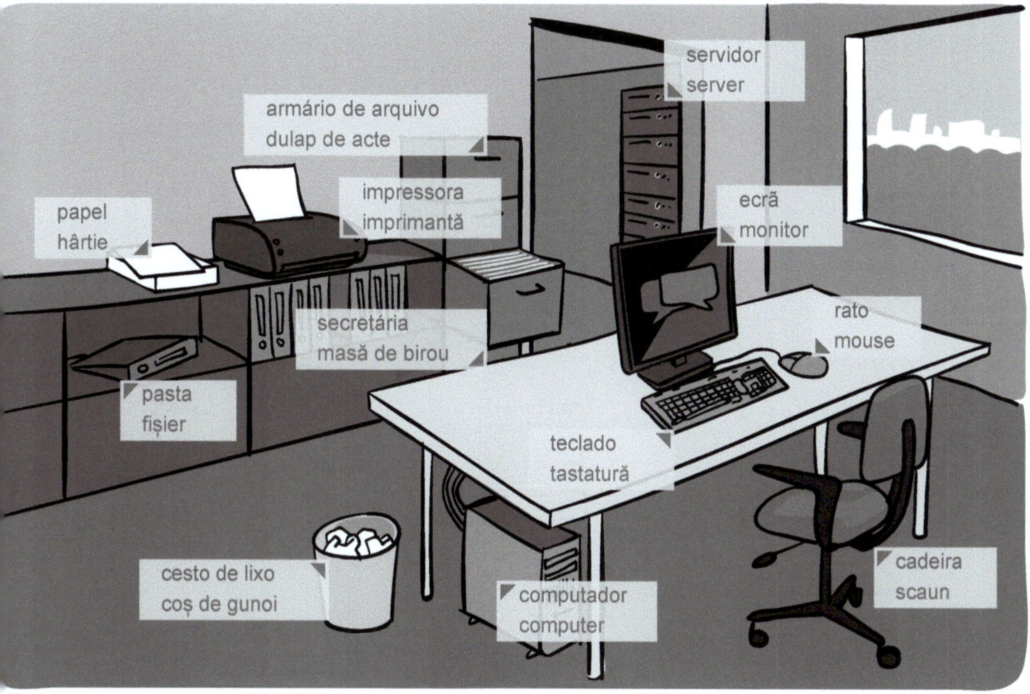

servidor
server
armário de arquivo
dulap de acte
impressora
imprimantă
papel
hârtie
ecrã
monitor
secretária
masă de birou
rato
mouse
pasta
fişier
teclado
tastatură
cesto de lixo
coş de gunoi
computador
computer
cadeira
scaun

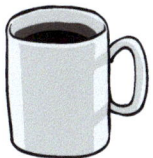

caneca de café

ceaşcă de cafea

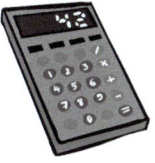

calculadora

calculator

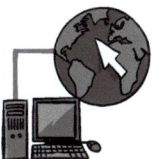

internet

internet

computador portátil

laptop

carta

scrisoare

mensagem

mesaj

telemóvel

telefon mobil

rede

reţea

fotocopiadora

copiator

software

software

telefone

telefon

tomada elétrica

priză

fax

fax

formulário

formular

documento

document

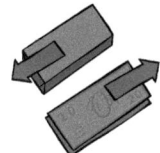

comprar
....
a cumpăra

pagar
....
a plăti

negociar
....
a face comerț

dinheiro
....
bani

 USD

dólar
....
Dolar

 EUR

euro
....
Euro

 JPY

yen
....
Yen

 RUB

rublo
....
Rublă

 CHF

franco suíço
....
Franc Elvețian

 CNY

renminbi yuan
....
renminbi yuan

 INR

rupia
....
Rupie

caixa de multibanco
....
bancomat

casa de câmbio
casă de schimb valutar

ouro
aur

prata
argint

petróleo
petrol

energia
energie

preço
preț

contrato
contract

imposto
impozit

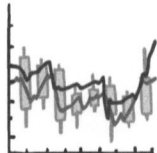

ação
acțiune

trabalhar
a munci

empregado
angajat

entidade patronal
angajator

fábrica
fabrică

loja
magazin

profissões
ocupații

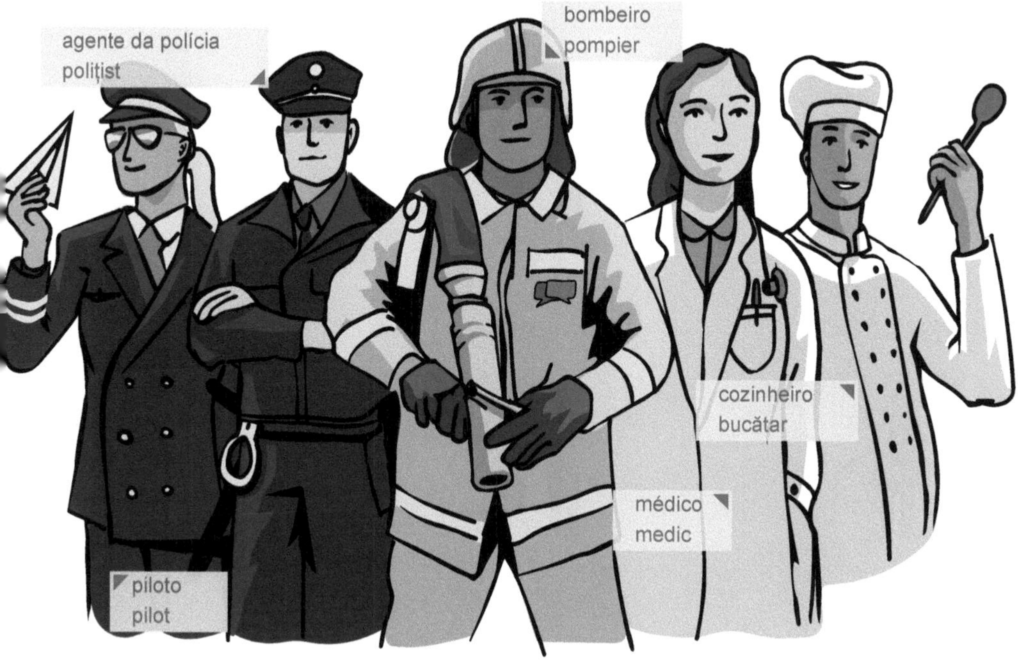

agente da polícia
polițist
bombeiro
pompier
cozinheiro
bucătar
médico
medic
piloto
pilot

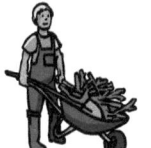

jardineiro

grădinar

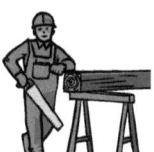

carpinteiro

tâmplar

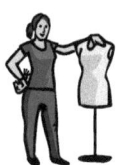

costureira

cusătoreasă

juiz

judecător

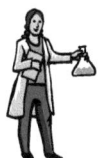

químico

chimist

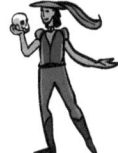

ator

actor

motorista de autocarro

șofer de autobuz

motorista de táxi

șofer de taxi

pescador

pescar

empregada de limpeza

femeie de serviciu

telhador

tinichigiu

empregado de mesa

chelnăr

caçador

vânător

pintor

pictor

padeiro

brutar

eletricista

electrician

construtor

muncitor în construcții

engenheiro

inginer

talhante

măcelar

canalizador

instalator

carteiro

poștaș

profissões - ocupații

soldado

soldat

arquiteto

arhitect

caixa

casier

florista

florar

cabeleireiro

frizer

controlador de bilhetes

controlor

mecânico

mecanic

capitão

căpitan

dentista

stomatolog

cientista

om de știință

rabino

rabin

imã

imam

monge

călugăr

pastor

preot

ferramentas

instrumente

alicate
clește
martelo
ciocan
chave de fendas
șurubelniță
lanterna
lanternă
chave inglesa
cheie

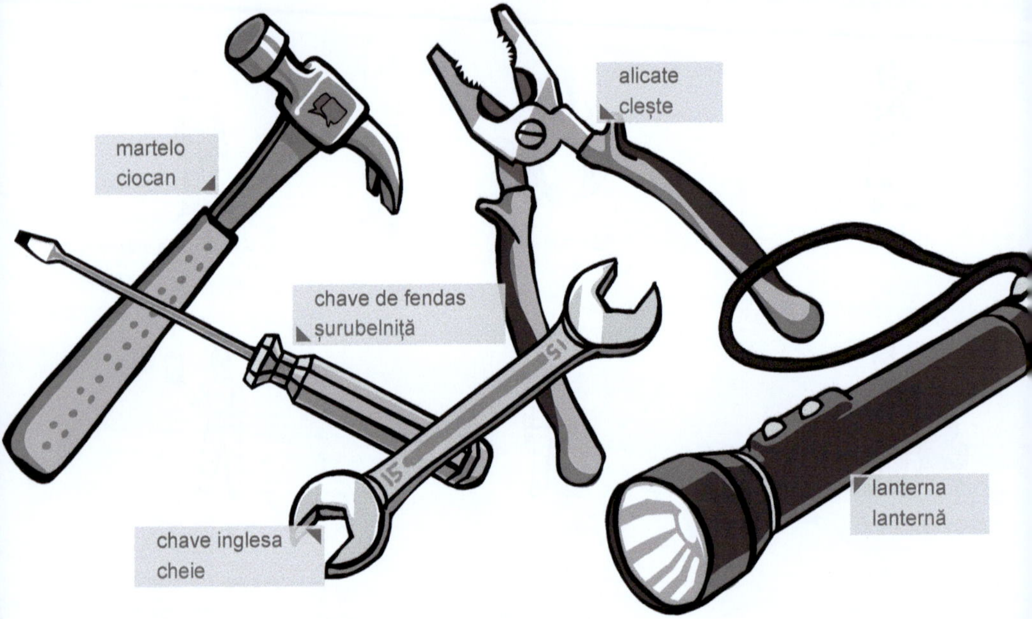

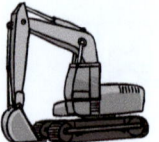

escavadora

excavator

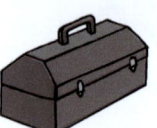

caixa de ferramentas

cutie de scule

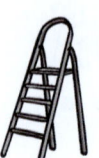

escadote

scară

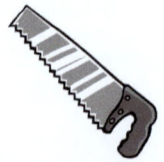

serra

ferăstrău

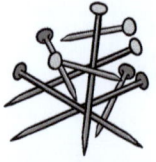

pregos

cuie

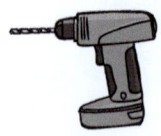

broca

burghiu

reparar
a repara

pá
lopată

porcaria!
La naiba!

pá de lixo
făraș

pote de tinta
vas pentru vopsea

parafusos
șuruburi

instrumentos musicais
instrumente muzicale

bateria
set tobe

altifalante
difuzor

guitarra
chitară

contrabaixo
contrabas

trompete
trompetă

piano

pian

violino

vioară

baixo

bas

timbales

trombon

tambor

tobă

teclado

keyboard

saxofone

saxofon

flauta

fluier

microfone

microfon

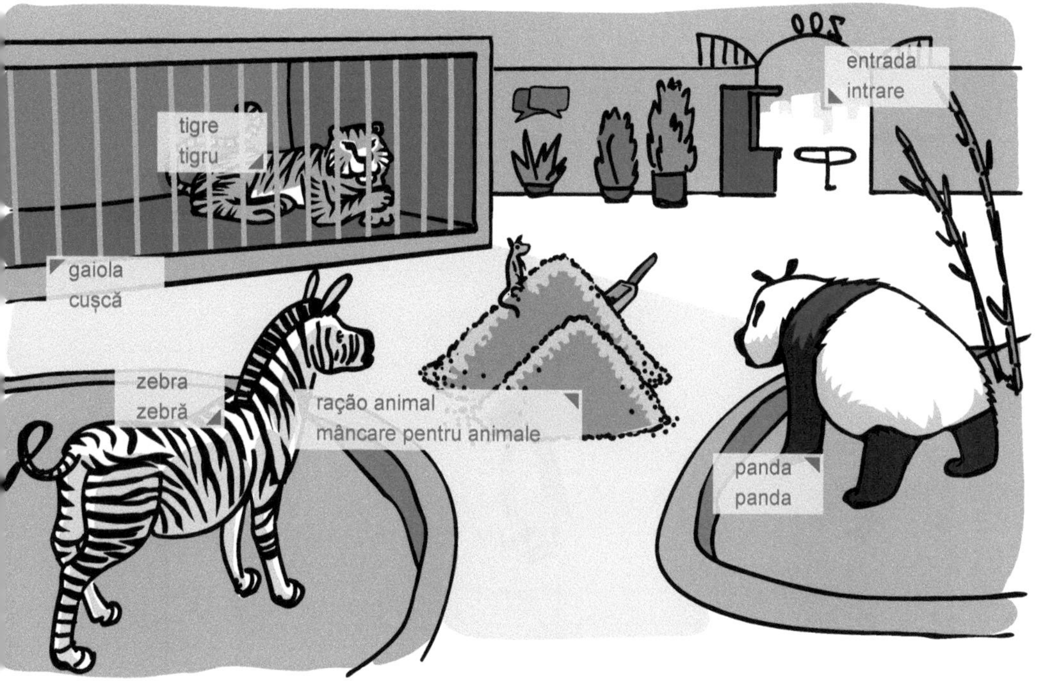

tigre
tigru

entrada
intrare

gaiola
cuşcă

zebra
zebră

raçăo animal
mâncare pentru animale

panda
panda

animais
animale

elefante
elefant

canguru
cangur

rinoceronte
rinocer

gorila
gorilă

urso
urs

camelo

cămilă

avestruz

struț

leão

leu

macaco

maimuță

flamingo

flamingo

papagaio

papagal

urso polar

urs polar

pinguim

pinguin

tubarão

rechin

pavão

păun

cobra

șarpe

crocodilo

crocodil

guarda do jardim zoológico

îngrijitor grădina zoologică

foca

focă

jaguar

jaguar

pónei
ponei

leopardo
leopard

hipopótamo
hipopotam

girafa
girafă

águia
acvilă

javali
porc mistreţ

peixe
pește

tartaruga
broască țestoasă

morsa
morsă

raposa
vulpe

gazela
gazelă

futebol americano
fotbal american

ciclismo
ciclism

ténis
tenis

basquetebol
basketball

natação
înot

boxe
box

hóquei no gelo
hockey pe gheață

futebol
fotbal

badminton
badminton

atletismo
atletism

andebol
handbal

esqui
schi

polo
polo

atividades
activități

rir
a râde
saltar
a sări
abraçar
a îmbrățișa
andar
a merge
cantar
a cânta
sonhar
a visa
rezar
a se ruga
beijar
a săruta

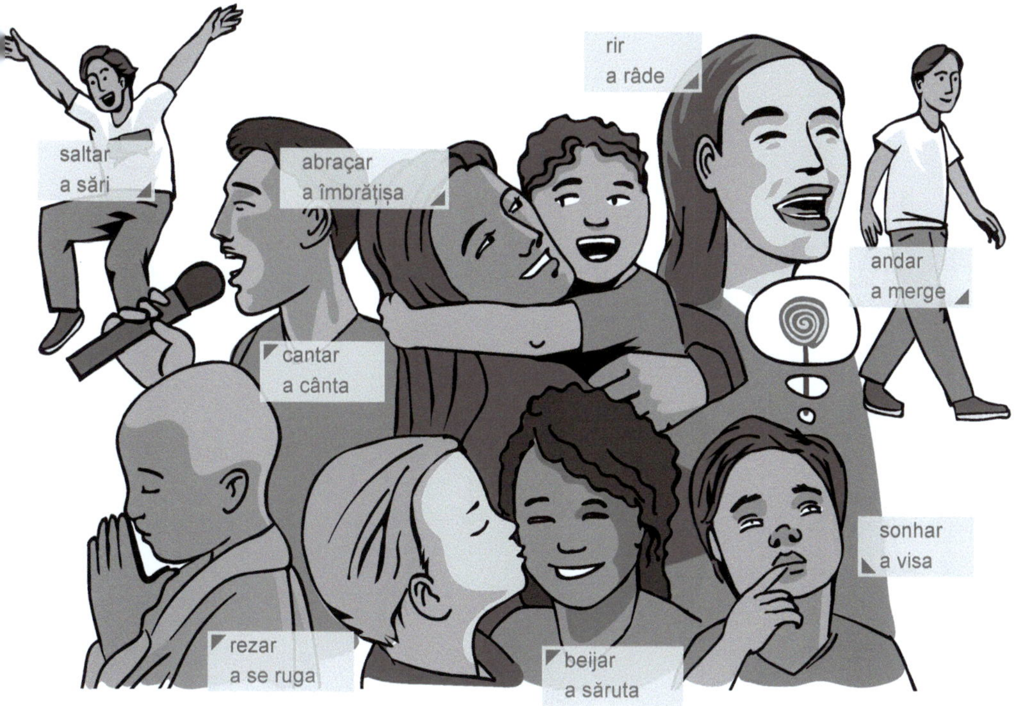

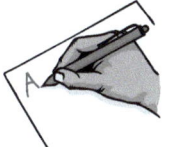

escrever

a scrie

desenhar

a desena

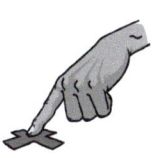

mostrar

a arăta

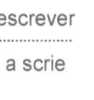

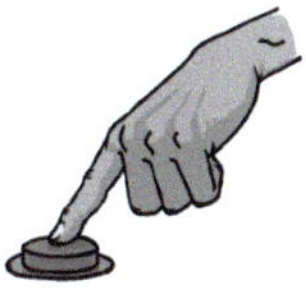

empurrar

a împinge

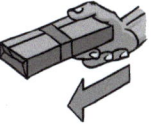

dar

a da

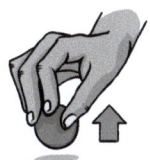

tomar

a lua

ter
....
a avea

fazer
....
a face

ser
....
a fi

ficar de pé
....
a sta în picioare

correr
....
a fugi

puxar
....
a trage

remessar
....
a arunca

cair
....
a cădea

deitar
....
a sta întins

esperar
....
a aștepta

carregar
....
a purta

sentar
....
a ședea

vestir
....
a se îmbrăca

dormir
....
a dormi

acordar
....
a se trezi

olhar para

a privi

chorar

a plânge

acariciar

a mângâia

pentear

a se pieptăna

falar

a vorbi

compreender

a înțelege

perguntar

a întreba

ouvir

a asculta

beber

a bea

comer

a mânca

arrumar

a face ordine

amar

a iubi

cozinhar

a găti

conduzir

a conduce

voar

a zbura

velejar

a naviga

calcular

a calcula

ler

a citi

aprender

a învăța

trabalhar

a munci

casar

a se căsători

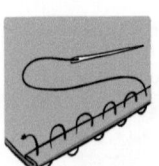

costurar

a coase

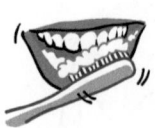

escovar os dentes

a se spăla pe dinți

matar

a ucide

fumar

a fuma

enviar

a trimite

família
familie

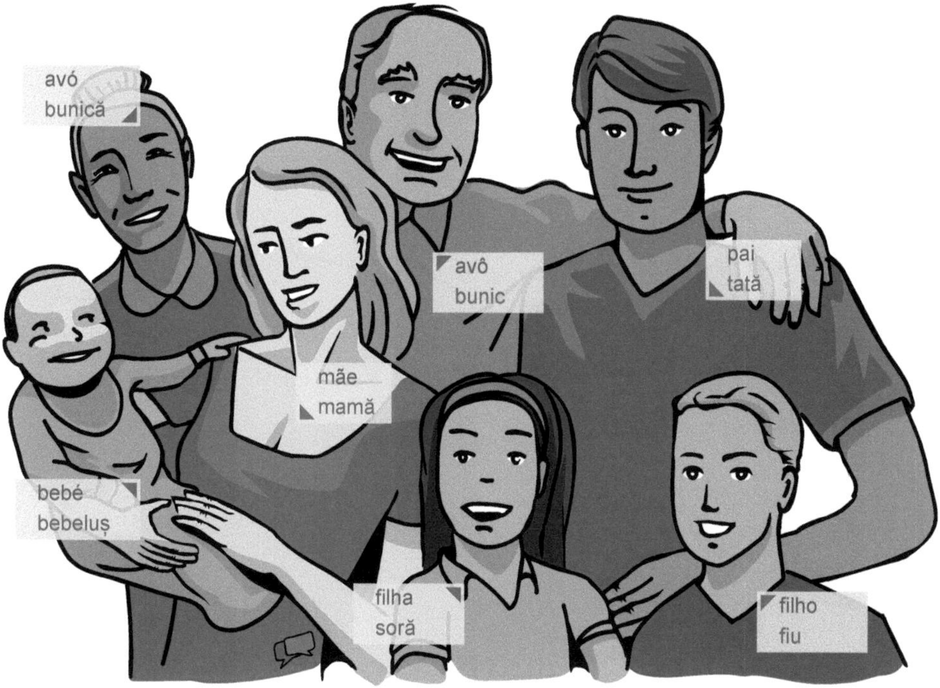
avó
bunică
avô
bunic
pai
tată
mãe
mamă
bebé
bebeluș
filha
soră
filho
fiu

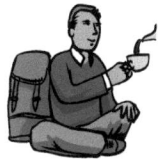

convidado

oaspete

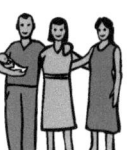

tia

mătușă

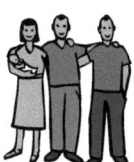

tio

unchi

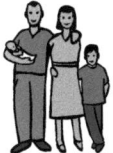

irmão

frate

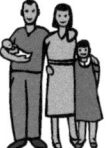

irmã

soră

corpo

corp

testa
frunte
olho
ochi
cara
față
queixo
bărbie
peito
piept
dedo
deget
mão
mână
braço
braț
ombro
umăr
perna
picior

bebé

bebeluș

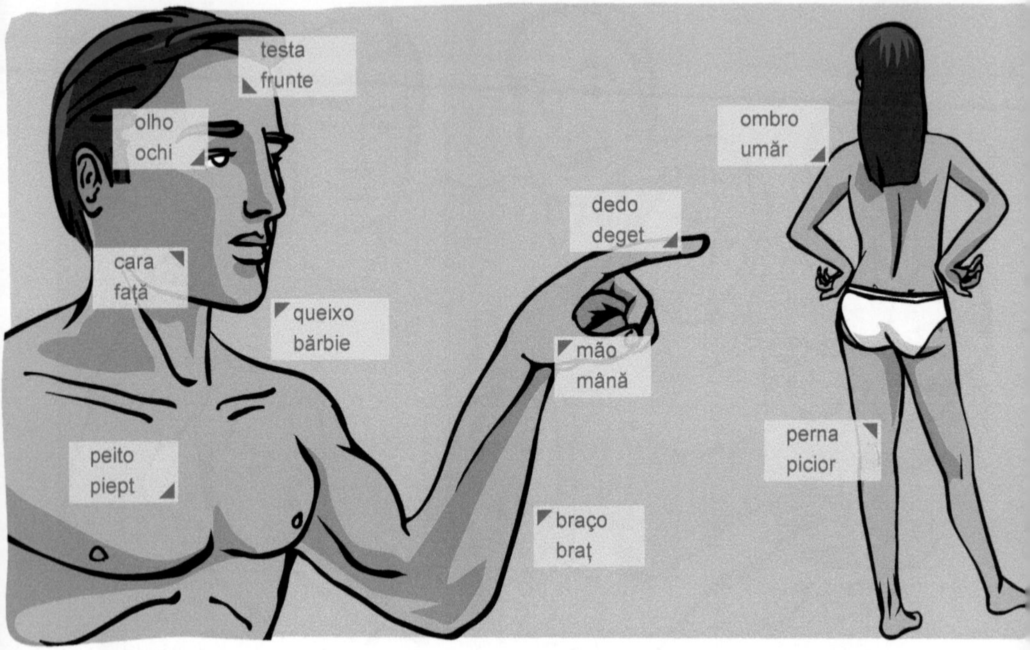

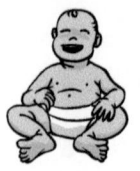

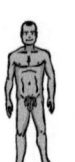

homem

bărbat

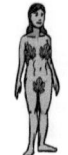

mulher

femeie

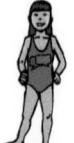

menina

fată

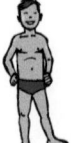

menino

băiat

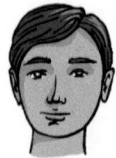

cabeça

cap

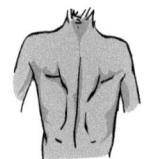

costas

spate

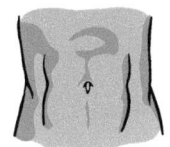

barriga

abdomen

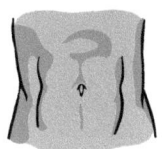

umbigo

ombilic

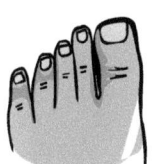

dedo do pé

deget de la picior

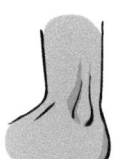

calcanhar

călcâi

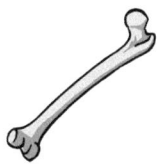

osso

os

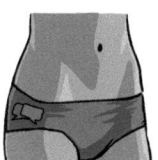

anca

șold

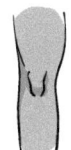

joelho

genunchi

cotovelo

cot

nariz

nas

nádegas

fund

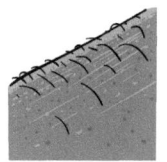

pele

piele

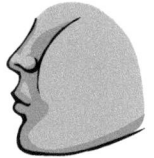

bochecha

obraz

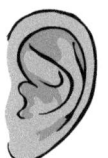

orelha

ureche

lábio

buză

corpo - corp

boca
....
gură

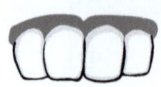

dente
....
dinte

língua
....
limbă

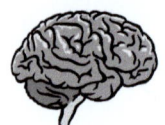

cérebro
....
creier

coração
....
inimă

músculo
....
mușchi

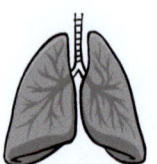

pulmão
....
plămân

fígado
....
ficat

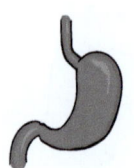

estômago
....
stomac

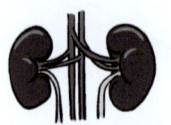

rins
....
rinichi

relações sexuais
....
sex

preservativo
....
prezervativ

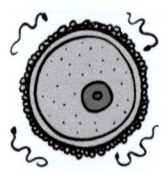

óvulo
....
ovul

esperma
....
spermă

gravidez
....
sarcină

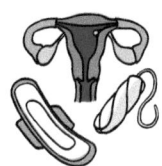

menstruação

menstruație

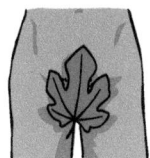

vagina

vagin

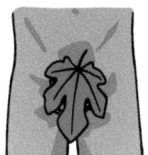

pénis

penis

sobrancelha

sprânceană

cabelo

păr

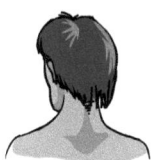

pescoço

gât

hospital

spital

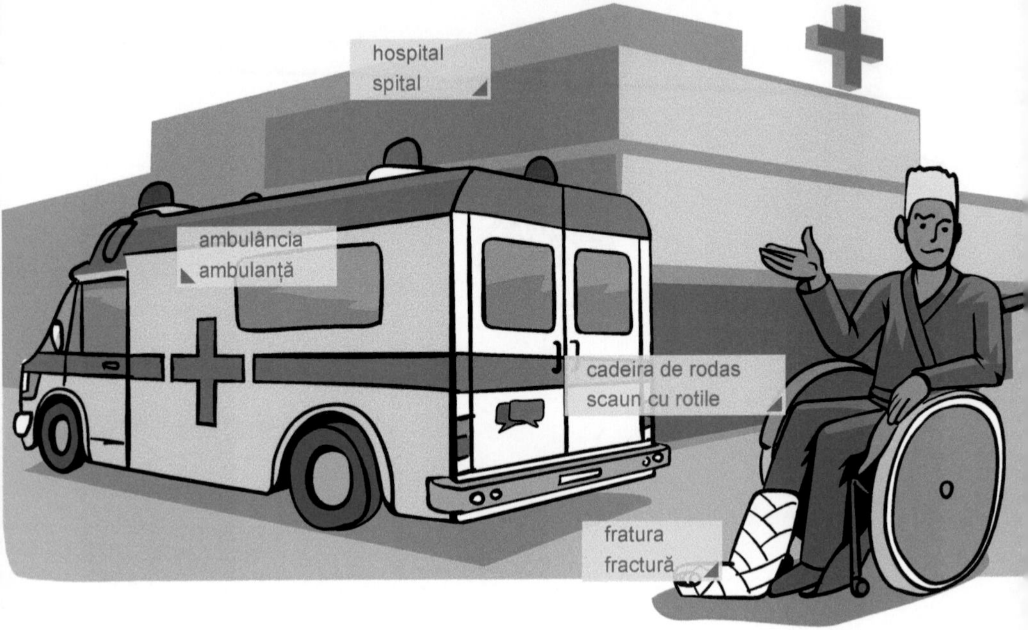

hospital
spital
ambulância
ambulanță
cadeira de rodas
scaun cu rotile
fratura
fractură

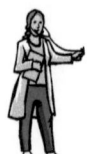

médico

medic

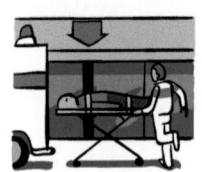

serviço de urgências

unitate de primiri urgențe

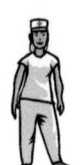

enfermeira

soră medicală

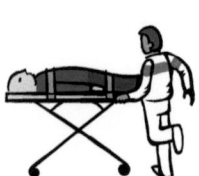

emergência

urgență

inconsciente

inconștient

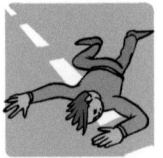

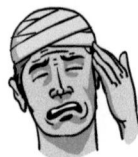

dor

durere

ferimento

leziune

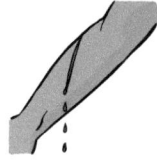

hemorragia

sângerare

ataque cardíaco

infarct miocardic

acidente vascular cerebral

atac cerebral

alergia

alergie

tosse

tuse

febre

febră

gripe

gripă

diarreia

diaree

dor de cabeça

durere de cap

cancro

cancer

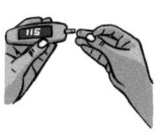

diabetes

diabet

cirurgião

chirurg

bisturi

scalpel

operação

operație

CT
CT

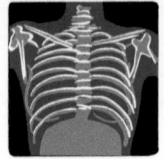

raio x
raze Röntgen

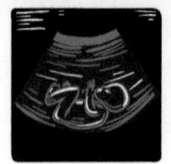

ultrassom
ultrasunet

máscara
mască

doença
boală

sala de espera
sală de așteptare

muleta
cârjă

penso rápido
plasture

ligadura
bandaj

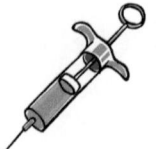

injeção
injecție

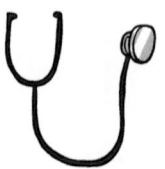

estetoscópio
stetoscop

maca
targă

termómetro
termometru

nascimento
naștere

excesso de peso
supraponderabilitate

aparelho auditivo

aparat auditiv

desinfetante

dezinfectant

infeção

infecție

vírus

virus

HIV / SIDA

HIV/SIDA

medicamento

medicină

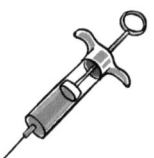

vacinação

vaccin

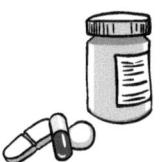

comprimidos

tablete

pílula

pastilă

chamada de emergência

apel de urgență

dispositivo de medição de pressão arterial

aparat de măsurare a presiunii arteriale

doente / saudável

bolnav/sănătos

Socorro!

Ajutor!

alarme

alarmă

assalto

agresiune

ataque

atac

perigo

pericol

saída de emergência

ieșire de urgenţă

Fogo!

Foc!

extintor de incêndios

extinctor

acidente

accident

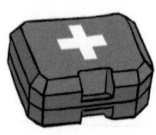

estojo de primeiros socorros

trusă de prim-ajutor

SOS

SOS

polícia

poliţie

Europa

Europa

América do Norte

America de Nord

América do Sul

America de Sud

África

Africa

Ásia

Asia

Austrália

Australia

Atlântico

Altantic

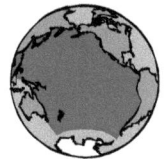

Pacífico

Pacific

Oceano Índico

Oceanul Indian

Oceano Antártico

Oceanul Antarctic

Oceano Ártico

Oceanul Arctic

Polo Norte

Polul Nord

Polo Sul

Polul Sud

Antártica

Antarctica

terra

pământ

país

țară

mar

mare

ilha

insulă

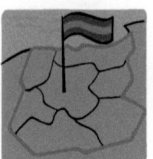

nação

națiune

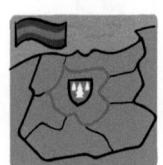

estado

stat

mostrador do relógio

cadran

ponteiro das horas

orar

ponteiro dos minutos

minutar

ponteiro dos segundos

secundar

Que horas são?

Cât e ceasul?

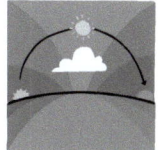

dia

zi

tempo

timp

agora

acum

relógio digital

cead digital

minuto

minut

hora

oră

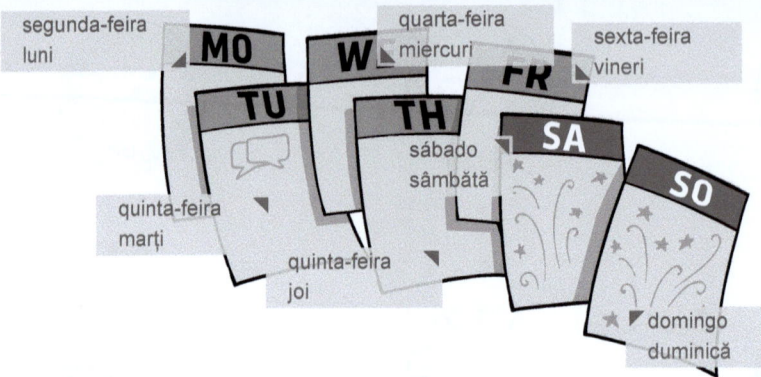

segunda-feira
luni

quarta-feira
miercuri

sexta-feira
vineri

sábado
sâmbătă

quinta-feira
marți

quinta-feira
joi

domingo
duminică

ontem
....
ieri

hoje
....
azi

amanhã
....
mâine

manhã
....
dimineață

meio-dia
....
amiază

entardecer
....
seară

MO	TU	WE	TH	FR	SA	SU
1	2	3	4	5	6	7
8	9	10	11	12	13	14
15	16	17	18	19	20	21
22	23	24	25	26	27	28
29	30	31	1	2	3	4

dias úteis
....
zile lucrătoare

MO	TU	WE	TH	FR	SA	SU
1	2	3	4	5	6	7
8	9	10	11	12	13	14
15	16	17	18	19	20	21
22	23	24	25	26	27	28
29	30	31	1	2	3	4

fim de semana
....
week-end

ano
an

chuva
ploaie
arco-íris
curcubeu
neve
zăpadă
vento
vânt
primavera
primăvară
outono
toamnă
verão
vară
inverno
iarnă

4.APRIL 11°
5.APRIL 4°
6.APRIL 13°
7.APRIL 8°
8.APRIL 10°

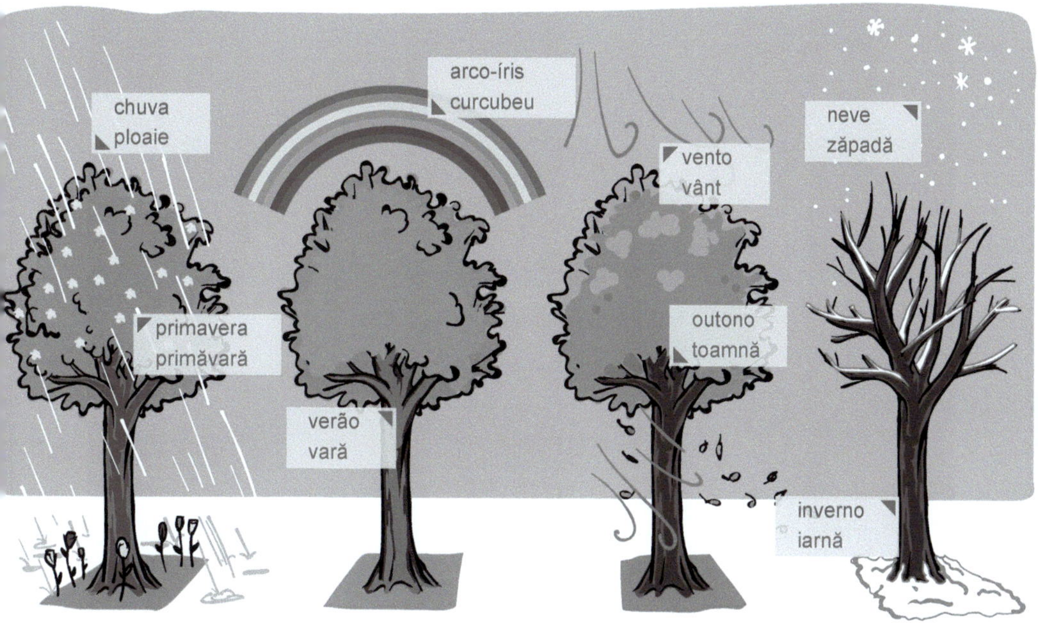

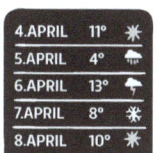

previsão do tempo

prognoză meteo

F C
120 40
90 30
60 20
30 10
0 0
-30 -10
-20

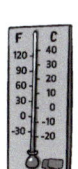

termómetro

termometru

raios de sol

lumina soarelui

nuvem

nor

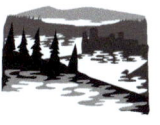

neblina / nevoeiro

ceață

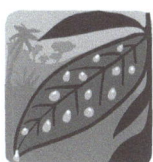

humidade do ar

umiditate a aerului

relâmpago

fulger

trovão

tunet

tempestade

furtună

granizo

grindină

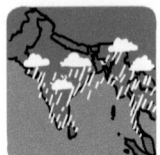

monção

muson

inundação

inundaţie

gelo

gheaţă

janeiro

ianuarie

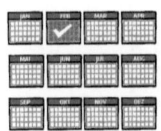

fevereiro

februarie

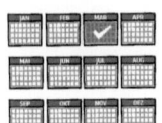

março

martie

abril

aprilie

maio

mai

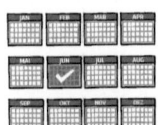

junho

iunie

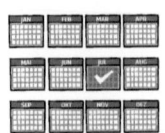

julho

iulie

agosto

august

setembro
....
septembrie

outubro
....
octombrie

novembro
....
noiembrie

dezembro
....
decembrie

formas
forme

círculo
....
cerc

quadrado
....
pătrat

retângulo
....
dreptunghi

triângulo
....
triunghi

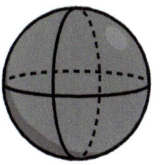

esfera
....
sferă

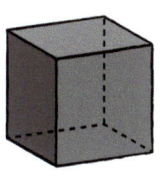

cubo
....
cub

branco

alb

amarelo

galben

laranja

portocaliu

rosa

roz

vermelho

roșu

lilás

violet

azul

albastru

verde

verde

castanho

maro

cinzento

gri

preto

negru

muito / pouco

mult/puțin

furioso / calmo

furios/calm

lindo / feio

frumos/urât

princípio / fim

început/sfârșit

grande / pequeno

mare/mic

claro / escuro

luminos/întunecat

irmão / irmã

frate/soră

limpo / sujo

curat/murdar

completo / incompleto

complet/incomplet

dia / noite

zi/noapte

morto / vivo

mort/viu

largo / estreito

lat/strâmt

comestível / não comestível

comestibil/necomestibil

mau / gentil

ră*u/prietenos

entusiasmado / entediado

emoționat/plictisit

gordo / magro

gras/slab

primeiro / último

primul/ultimul

amigo / inimigo

prieten/inamic

cheio / vazio

plin/gol

duro / macio

tare/moale

pesado / leve

greu/ușor

fome / sede

foame/sete

doente / saudável

bolnav/sănătos

ilegal / legal

ilegal/legal

inteligente / burro

inteligent/stupid

esquerda / direita

stânga/drepta

perto / longe

aproape/departe

novo / usado
nou/uzat

nada / algo
nimic/ceva

velho / jovem
bătrân/tânăr

ligado / desligado
pornit/oprit

aberto / fechado
deschis/închis

baixo / alto
încet/tare

rico / pobre
bogat/sărac

certo / errado
corect/fals

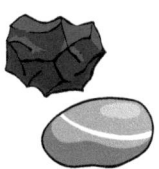

áspero / liso
aspru/neted

triste / feliz
trist/fericit

curto / longo
lung/scurt

lento / rápido
încet/repede

molhado / seco
ud/uscat

ameno / fresco
cald/rece

guerra / paz
război/pace

0

zero
zero

1

um
unu

2

dois
doi

3

três
trei

4

quatro
patru

5

cinco
cinci

6

seis
șase

7

sete
șapte

8

oito
opt

9

nove
nouă

10

dez
zece

11

onze
unsprezece

12

doze

douăsprezece

13

treze

treisprezece

14

catorze

paisprezece

15

quinze

cincisprezece

16

dezasseis

șaisprezece

17

dezassete

șaptesprezece

18

dezoito

optsprezece

19

dezanove

nouăsprezece

20

vinte

douăzeci

100

cem

o sută

1.000

mil

o mie

1.000.000

milhão

un milion

inglês

engleză

inglês americano

engleză americană

chinês mandarim

chineza mandarină

hindi

hindi

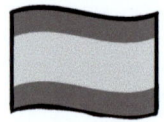

espanhol

spaniolă

francês

franceză

árabe

arabă

russo

rusă

português

protugheză

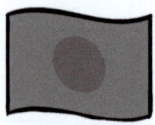

bengalês

bengaleză

alemão

germană

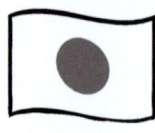

japonês

japoneză

eu

eu

tu

tu

ele / ela

el/ea

nós

noi

vós

voi

eles / elas

ea

quem?

cine?

o quê?

ce?

como?

cum?

onde?

unde?

quando?

când?

nome

nume

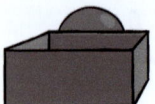

atrás

în spate

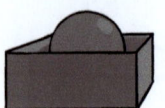

em

în

à frente de

înainte

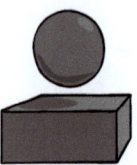

sobre

peste

em cima

pe

debaixo

sub

ao lado

lângă

entre

între

lugar

loc